AF313564

ALCIONE,

TRAGEDIE,

REPRÉSENTÉE
PAR L'ACADEMIE ROYALE
DE MUSIQUE,

Pour la premiere fois, le jeudi dix-huit fevrier 1706.
Pour la seconde, le lundi dix-sept avril 1719.
Pour la troisiéme, le mardi neuf mai 1730.

Remise au théâtre, le jeudi 21 septembre 1741.

DE L'IMPRIMERIE
De Jean-Baptiste-Christophe Ballard,
Seul Imprimeur du Roi, & de l'Académie Royale de Musique.
A PARIS, Au Mont-Parnasse, rue S. Jean-de-Beauvais.

M. DCC XLI.
AVEC PRIVILEGE DU ROY.
LE PRIX EST DE XXX. SOLS.

PERSONNAGES
DU PROLOGUE.

T*MOLE,*	M^r. Dun.
APOLLON,	M^r. Bérard.
LES MUSES,	
PAN,	M^r. Albert.
Fleuves, Nayades, Faunes & Dryades.	
Bergers, Bergeres & Pastres.	
UNE BERGERE,	Mlle. Bourbonois.

ACTEURS, ET ACTRICES
Des chœurs du prologue, et de la tragédie.

CÔTE' DU ROY.　　CÔTE' DE LA REINE.

Mesdemoiselles	Messieurs	Mesdemoiselles	Messieurs
Dun,	St. Martin,	Antier-C.,	De Serre,
Delorge,	Marceler,		Gratin,
Varquin,	Le Page,	Thetelette,	Le Mesle,
La Fontaine,	La Mare,	Lavalée,	Roullier,
	Fel,		Deshais,
Bodot,	Houbault,	Cartou,	Levasseur,
Dalemand-C.,	Bourque,		Rimbault,
Larcher,	Bornet,	Deshaigles,	Beaumont,
	Gallard,	Coupée.	Buseau,
Pontarly.	Duchenet.	Anthéaume.	Duplessis.

DIVERTISSEMENT
du Prologue.

FAUNES;

Monsieur Lany;

Messieurs Savar, Dupré, Monservin.

DRYADES;

Mesdemoiselles Carville, Thiery.

BERGERS, ET BERGERES;

Mademoiselle Fremicourt;

Messieurs Hamoche, Dangeville, Levoir, Couque;

Mesdemoiselles St Huray, Le Bret, Maupin, Dary.

PROLOGUE

PROLOGUE.

Le theâtre repréfente le mont-Tmole. Des Fleuves
& des Nayades appuyées fur leurs urnes, occu-
pent la montagne, et forment une efpéce de
cafcade.

SCENE PREMIERE.

TMOLE, FLEUVES, ET NAYADES.

TMOLE.

A Pollon, & le Dieu des bois
Vont difputer ici pour le prix de la voix.

Les Nayades viennent s'y rendre :
J'y vois déja couler mille nouvelles eaux ;
Des forêts d'alentour les amoureux oyfeaux
S'y raffemblent pour les entendre.

Echo, tu fais déja tous les chans de ces Dieux ;
Pour les entendre encor, cache-toi dans ces lieux.

CHOEUR DES FLEUVES.

Echo, tu fais déja tous les chans de ces Dieux ;
Pour les entendre encor, cache-toi dans ces lieux.

✳✳✳✳✳✳✳✳✳✳✳✳✳✳✳✳✳✳✳✳✳✳✳✳✳✳✳✳✳✳✳✳✳✳✳✳✳✳

SCENE II.

TMOLE, & sa suite, PAN, FAUNES, DRYADES, APOLLON, & LES MUSES.

PAN vient d'un côté, avec une troupe de Faunes & de Dryades, qui vont se placer en dansant, au bas de la montagne. APOLLON vient de l'autre côté avec les Muses.

PAN.

Fuyez, Mortels, fuyez un indigne repos ;
Non, ne vous plaignez plus des horreurs de la guerre,
Elle vous donne les heros,
Elle fait les Dieux de la terre.

Courez affronter le trépas,
Allez jouir de la victoire ;
Sur son front couronné, qu'elle étale d'appas !
L'affreuse Mort qui vole au devant de ses pas,
Fait naître l'immortelle Gloire.

APOLLON.

Aimable Paix, c'est toi que célèbrent mes chans !
Descens, viens triompher du fier Dieu de la Thrace,
Tout rit à ton retour, tout brille dans nos champs,
Dès que tu disparois, tout l'éclat s'en efface.

Régne, fille du Ciel, mets la Discorde aux fers ;
Que le bruit des tambours, dont la terre s'alarme,
Ne trouble plus nos doux concerts.
Heureux, heureux cent fois le vainqueur qui ne s'arme,
Que pour te rendre à l'univers.

Les MUSES, les FLEUVES & les NAYADES.

Régne, fille du Ciel, mets la Discorde aux fers;
Heureux, heureux cent fois le vainqueur qui ne s'arme,
Que pour te rendre à l'univers.

TMOLE, à PAN.

A vos chans immortels, quel cœur n'est pas sensible?
Mais les siens, plus puissans, m'ont encor plus flatté:
J'ai cru Pan invincible,
Tant qu'Apollon n'a pas chanté.

PAN.

Puisqu'à sa foible voix vous vous laissez surprendre,
Non, vous n'entendrez plus mes chans harmonieux:
Je vais chercher ailleurs des Dieux,
Qui soient plus dignes de m'entendre.

Il se retire avec les Faunes & les Dryades.

SCENE III.

TMOLE, APOLLON, & leur suite.

APOLLON.

Accourez, Habitans de ces prochains bocages,
Bien-tôt la Paix va revoir ce séjour;
Venez-en gouter les présages,
Et préparez ici vos jeux pour son retour.

SCENE IV.
TMOLE, APOLLON, leur suite, BERGERS, ET BERGERES.

UNE BERGERE.

*L*E doux Printemps ne paroît pas sans Flore,
L'aimable Paix ne vient point sans l'Amour:
Dans ce beau jour,
Que d'ardeurs vont éclore!
L'Amour & la Paix
Se prêtent mille attraits.

On danse.

LA BERGERE, & LE CHOEUR, alternativement.

Pour nos hameaux quitte Cythere;
Charmant Amour, garde-nous tes faveurs,

Fais-nous aimer de qui saura nous plaire,
D'un seul trait blesse toujours deux cœurs.

APOLLON.

Qu'un spectacle pompeux signale ma victoire:
Muse, des Alcions renouvellez l'histoire.

A l'onde soulevée ils rendent le repos,
Et des vens en fureur ils terminent la guerre:
Puisse regner sur la terre
La paix qu'ils rendent aux flots!

LE CHOEUR, *A l'onde,* &c.

FIN DU PROLOGUE.

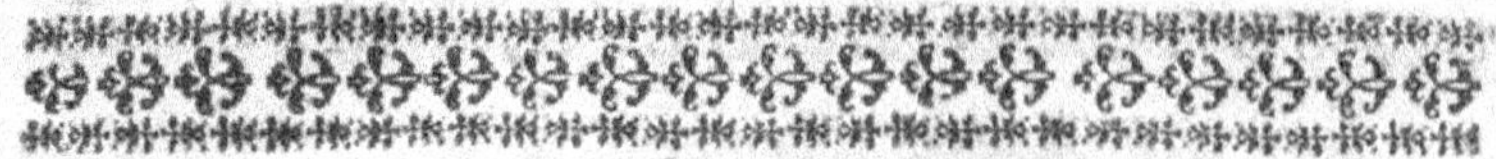

ACTEURS
DE LA TRAGEDIE.

CEIX, *roi de Trachines,*   Mr. Jelyotte.

ALCIONE, *fille* d'EOLE,   Mlle. Pellissier.

PELE'E, *ami de* CEIX,   Mr. Le Page.

PHORBAS, *magicien,*   Mr. Albert.

ISMENE, *magicienne,*   Mlle. Eeremans.

DORIS,   *confidentes* d'ALCIONE   Mlle. Bourbonnois.
CEPHISE,   Mlle. Monville.

LE GRAND PRÊTRE
   DE L'HYMEN,   Mr. Albert.

LE CHEF DES MATELOTS, Mr. Cuvillier.

UNE MATELOTTE,   Mlle. Chevalier.

LA PRÊTRESSE de JUNON, Mlle. Fel.

LE SOMMEIL,   Mr. Bérard.

MORPHE'E,   Mr. Jelyotte.

PHOSPORE, pere de CEIX, Mr. Bérard.

NEPTUNE,   Mr. Person.

SUIVANS de CEIX.

EOLIENNES.

                     A C T E U R S.

UN SUIVANT DE CEIX,   Mr. Bérard.

PRÊTRES de l'Hymen.
Magiciens & magiciennes.
Joueurs de tambourin.
Matelots & matelottes.

PRÊTRESSES DE JUNON.
SONGES, sous la forme de matelots.
DIVINITE'S de la mer.

La Scene est à Trachines.

DIVERTISSEMENS
de la tragédie.

PREMIER ACTE.
SUIVANS DE CEIX,
EOLIENS ET EOLIENNES;
Mademoiselle Le Breton ;
Monsieur Javilliers-3. , Mademoiselle Carville.
Messieurs Monservin , Dumay , Dangeville ,
Thessier.
Mesdemoiselles Fremicourt , Saint Germain , Thiery,
Le Duc.

SECOND ACTE.
MAGICIENS;
Monsieur Dupré ;
Messieurs Dumay , Dupré , Javilliers-2. , Monservin,
Malter-L. , Hamoche , Couque , Levoir.

TROISIE'ME ACTE.
JOUEURS DE TAMBOURIN;
Messieurs Savar , Javilliers-2. , Dupré ,
Monservin.

FÊTE MARINE;

MATELOTS.

Monsieur D-Dumoulin ;
Monsieur Matignon,   Mademoiselle Le Duc ;
Messieurs F-Dumoulin, P.-Dumoulin ;
Malter-L., Hamoche.

MATELOTTES.

Mademoiselle Dallemand-L ;
Mesdemoiselles Courcelle, Le Bret, St Huray,
S. Germain.

QUATRIE'ME ACTE.

PRÊTRESSES;

Mademoiselle Le Breton ;
Mesdemoiselles Thiery, Fremicourt, S. Germain,
Courcelle.

CINQUIE'ME ACTE.

TRITONS, ET NE'RE'IDES;

Monsieur Javillier-L. ;
M^r D-Dumoulin,   Mademoiselle Dallemand-L,
Mademoiselle Cochois ;
Messieurs Malter-C., Matignon, Thessier,
Couque, Monservin.
Mademoiselles Fremicourt, Thiery, Le Duc,
Courcelle, Carville.

ALCIONE,

ALCIONE,

TRAGEDIE.

ACTE PREMIER.

Le theâtre repréfente une gallerie du palais de CEIX, terminée par un endroit du palais confacré aux Dieux.

SCENE PREMIERE.

PELE'E, PHORBAS.

PHORBAS.

Vous voyez le palais où l'hymen d'Alcione
Va combler les defirs de votre heureux rival.
Déja la pompe s'en ordonne,
Et le moment approche...

PHORBAS.

Ah! Quel moment fatal!

A

ALCIONE,
PHORBAS.

Seigneur, il faut troubler cette odieuse fête ;
Tout l'enfer conjuré m'a promis son secours :
Et ce jour, qu'ils ont crû le plus beau de leurs jours,
Va bien-tôt devenir…

PELE'E.

Arrête.

Tu sais ce que je dois au roi,
Banni de ma patrie, & teint du sang d'un frere ;
Funeste objet des fureurs d'une mere :
Lui seul à sa vengeance il s'exposa pour moi.

Sa cour fut mon unique azile,
Alcione à ses jours alloit unir son sort.
Dieux ! Je ne pûs la voir avec un cœur tranquille ;
Vertu, gloire, raison, tout me fut inutile,
Mon amour combattu n'en devint que plus fort.

Un monstre que la mer vomit contre mon crime,
Suspendit cet hymen dont j'étois si jaloux ;
Et ce peuple en seroit encore la victime,
S'il n'étoit tombé sous mes coups.

PHORBAS.

Laissez-moi ranimer ce monstre redoutable ;
Qu'il rompe encor de si funestes nœuds.

PELE'E.

Non, ne me rens point plus coupable,
Non ; laisse-moi mourir, laisse-les vivre heureux.

Abandonne mon cœur au feu qui le consume ;
D'un hymen que je crains, pourquoi me garantir ?
C'est par moi qu'aujourd'hui son flambeau se rallume,
    Je ne veux point m'en repentir.

Amour, céde à mes pleurs, & respecte ma gloire ;
    Ah ! Laisse-moi briser mes fers.
C'est trop à la vertu disputer la victoire ;
Contente-toi, Cruel, des maux que j'ai soufferts.

Amour, céde à mes pleurs, & respecte ma gloire ;
    Ah ! Laisse-moi briser mes fers.

PHORBAS.

    C'est assez répandre de larmes,
    Et votre cœur n'a que trop combattu ;
Ismene & moi, nous allons par nos charmes,
Secourir votre amour contre votre vertu.

PELE'E.

Arrête... On vient. O ciel ! A quoi me réduis-tu ?

SCENE II.

ALCIONE, CEIX;
EOLIENNES, SUIVANS DE CEIX;
PELE'E, CE'PHISE, ET DORIS.

CHOEUR.

Aimez, aimez-vous sans alarmes,
Que vos feux sont charmans ! Que vos liens sont doux!
L'Hymenée & l'Amour vous prodiguent leurs charmes,
Tendres amans, soyez heureux époux.

ALCIONE ET CEIX.

Aimons, aimons-nous sans alarmes ;
Que nos feux sont charmans ! Que nos liens sont doux!

CEIX, à PELE'E.

Partage, cher ami, les transports de mon ame ;
L'Hymen va me livrer l'objet de tous mes soins :
Et rien ne manque au bonheur de ma flamme,
Puisque tes yeux en sont témoins.
Que ne puis-je te voir plus heureux que moi-même !

PELE'E.

Est-il un sort plus doux ? Alcione vous aime.

TRAGEDIE.

ALCIONE.

Du plus ardent amour mon cœur est enflammé,
Je me plais à brûler des feux qu'il a fait naître,
Il n'est point d'amant plus aimé,
Ni d'amant plus digne de l'être.

PELE'E.

Infortuné !

CEIX.

D'où naissent ces soupirs ?

PELE'E.

Que les maux qu'en ces lieux a causés ma présence,
Ont couté cher à vos desirs !
Que vous avez souffert d'une injuste vengeance !

ALCIONE, ET CEIX.

Oubliez nos malheurs, partagez nos plaisirs.

CEIX, à PELE'E.

Ah ! Que ton cœur n'est-il plus tendre
Pour juger du bonheur qui va combler mes vœux !
C'est l'amour seul qui peut faire comprendre
Les plaisirs d'un amant heureux.

ALCIONE, CEIX, ET PELE'E.

Que rien ne trouble plus une flamme si belle.

PELE'E.
A. & C.   Ah ! Que { votre / notre } chaîne a d'attraits !

Qu'elle dure à jamais,

PELE'E.
A. & C.   Et { vous / nous } semble toujours nouvelle.

ALCIONE,

CEIX, à sa suite.

Chantez, chantez, faites entendre
Les accords les plus doux, les sons les plus touchans;
Par vos plus tendres chans,
Célébrez l'amour le plus tendre.

LE CHOEUR répete : *Que rien ne trouble,* &c.

On danse.

Un suivant de CEIX, alternativement avec le chœur.

Que vos désirs
Puissent toujours renaître !
Par les plaisirs
Votre flamme doit croître.

Qu'à nos amours
L'Hymen seroit à craindre,
Si son secours
Servoit à les éteindre !

Serrez les nœuds
D'une chaîne si belle ;
Que l'amour heureux
N'en soit que plus fidéle.

CEPHISE, ET DORIS, alternativement avec
le CHOEUR.

Dans ces lieux, Amour, tu nous raménes
Les Plaisirs, les Graces & les Ris :
C'est après des rigueurs inhumaines,
Que tes dons sont cent fois plus cheris ;
Qu'il est doux d'avoir souffert tes peines,
Quand tu viens nous en donner le prix !

SCENE III.

ALCIONE, PELE'E, CEIX,
LE GRAND PRÊTRE de l'Hymen,
PRÊTRES de l'Hymen, portant
des flambeaux ornés de guirlandes.

CEIX.

ON approche. Cessez, & qu'un profond silence
Des Prêtres de l'Hymen honore la présence.

PELE'E, à part.

Quoi ! Leur hymen va s'achever !
De ce spectacle affreux, ô Mort, viens me sauver.

LE GRAND PRÊTRE.

Le flambeau de l'Amour n'a fait naître en votre ame
Que l'esperance & les desirs.
Le flambeau de l'Hymen va, par sa douce flamme,
Y faire regner les plaisirs.

Venez, venez, au nom de la troupe immortelle,
Vous jurer l'un à l'autre une ardeur éternelle.

ALCIONE, ET CEIX.

Ecoutez nos sermens, arbitres des humains,
Vous, qui, pour punir le parjure,
Tenez la foudre dans vos mains ;
Vous, qu'en tremblant, adore la nature,

Maître des Dieux...

　　　　　　　　Le tonnerre gronde.

ALCIONE, CEIX, LE GRAND PRÊTRE.

　　　　Quel bruit! Quels terribles éclats!
L'air s'allume, le ciel fait gronder son tonnerre;
　　Quel gouffre affreux s'est ouvert sous nos pas!
Tout l'enfer en couroux sort du sein de la terre.
Les Furies sortent des enfers, saisissent en volant
　　les flambeaux de l'Hymen dans les mains
　　　　des Prêtres, & embrâsent tout le palais.

LE GRAND PRETRE.

Fuyez. A votre hymen le ciel ne consent pas.

CHOEUR.

　　Quel embrâsement! Quel ravage!
　Dieux! Injustes Dieux! Quelle horreur!
　　Laissez-nous du moins un passage;
　　Laissez-nous fuir votre fureur.

✳✳✳✳✳✳✳✳✳✳✳✳✳✳✳✳✳✳✳✳✳✳✳✳✳

SCENE IV.

PELE'E.

*C*Et autel, ce palais dévoré par la flamme,
　　Malgré-moi, flatte mon ardeur:
　　Mais je ne sens qu'avec horreur
Le perfide plaisir qui renaît dans mon ame.
Dieux, justes Dieux, vengez-les, vengez-vous,
Lancez, lancez vos traits; je me livre à vos coups.

FIN DU PREMIER ACTE.

　　　　　　　　　ACTE II.

ACTE SECOND.

Le théâtre repréſente une ſolitude affreuſe,
& l'entrée de l'antre de PHORBAS
& d'ISMENE.

SCENE PREMIERE.

PHORBAS, ISMENE.

ISMENE.

L E roi dans ces lieux va ſe rendre;
Il croit que le ciel ſeul traverſe ſon bonheur;
Et c'eſt par nous qu'il veut apprendre
S'il ne peut de ſon ſort adoucir la rigueur.

PHORBAS.

Pour le troubler encore, uniſſons-nous, Iſmene;
C'eſt moi qui vous appris mon art miſterieux:
Il faut ſervir Pelée, il faut ſervir ma haine
Contre un prince qui régne où régnoient mes ayeux:

B

Pour attirer ſa confiance,
J'ai feint, ſans murmurer, de recevoir ſes loïx :
Mais, je ſens trop que ma naiſſance
M'appelloit au trône des rois.
Reſervons-nous du moins, le plus doux de leurs droits :
Régnons par la vengeance.

ENSEMBLE.

PHORBAS. *Régnons* ⎫
ISMENE. *Régnez,* ⎰ *par la vengeance.*

PHORBAS, appercevant CEIX.

Mais retirons-nous : je le vois.

✳✳✳✳✳✳✳✳✳✳✳✳✳✳✳✳✳✳✳✳✳✳✳✳✳✳✳✳✳✳✳✳✳✳✳✳

SCENE II.

CEIX, ſans appercevoir PHORBAS & ISMENE.

C E I X.

Dieux cruels, puniſſez ma rage & mes murmures,
Frapez, Dieux inhumains, comblez votre rigueur ;
Vous plaiſez-vous à voir dans mes injures
L'excès du déſeſpoir où vous livrez mon cœur ?

Je touchois au moment où la beauté que j'aime,
M'eût rendu plus heureux que vous ;
D'un extrême bonheur, Dieux ! vous étiez jaloux,
Et vous vous en vengez par un ſupplice extrême ;
Mes maux ſont auſſi grands, que mon eſpoir fut doux.

Dieux cruels, puniſſez ma rage & mes murmures,
Frapez, Dieux inhumains, comblez votre rigueur ;
Vous plaiſez-vous à voir dans mes injures
L'excès du déſeſpoir où vous livrez mon cœur ?

TRAGEDIE.

A Phorbas *& à* Ismene *qui s'approchent.*
L'injuste ciel à mes maux m'abandonne ;
J'ai recours aux enfers, daignez les consulter.

PHORBAS.

Que ne renoncez-vous à l'hymen d'Alcione ?
Le ciel vous le défend, pourquoi lui résister ?

CEIX.

Les Dieux ont vainement troublé mon esperance,
Je sens à chaque instant mon amour s'augmenter ;
Et si cet amour les offense,
Je me plais à les irriter.

ISMENE.

Quittez de trop cruelles chaînes,
Ne formez que d'heureux desirs ;
C'est offenser l'Amour, que d'en chercher les peines :
Il ne veut servir qu'aux plaisirs.

CEIX.

Ne vous opposez point à mon impatience.
Cruels ! Par votre resistance,
Voulez-vous aussi me trahir ?

PHORBAS, ET ISMENE.

Vous étes notre roi, c'est à nous d'obéir.

Vous, dont les mistéres affreux,
Pour soûmettre l'enfer, sont d'invincibles armes,
Quittez vos antres ténébreux,
Venez vous unir à nos charmes.
Accourez, hâtez-vous,
Notre voix vous appelle ;
Accourez, signalez pour nous
Votre pouvoir & votre zéle.

SCENE III.

PHORBAS, ISMENE, MAGICIENS ET MAGICIENNES.

CHOEUR de MAGICIENS & de MAGICIENNES.

*E*prouvez notre ardeur fidéle ;
Parlez, commandez-nous,
Nous allons signaler pour vous
Notre pouvoir & notre zéle.

PHORBAS.

Pour servir notre roi , redoublez votre effort.
Forcez , forcez l'enfer à m'apprendre son sort.

CHOEUR.

Sortez , Demons , sortez ; que tout ici ressente
L'horreur & l'épouvante.

PHORBAS.

Transportez l'enfer en ces lieux,
Offrez-nous-en du moins la terrible apparence ;
A nos sens effrayés , faites voir tous les Dieux ,
Dont nous voulons implorer l'assistance.

LE CHOEUR répéte les six Vers ci-dessus.

Le théâtre devient une image des enfers : On y voit au fond PLUTON & PROSERPINE, assis sur leur trône; d'un côté, les Fleuves des enfers appuyés sur leurs urnes ; de l'autre , les Parques.

LES MAGICIENS commencent leurs cérémonies.

PHORBAS.

Sévère fille de Cérès,
Et toi, des sombres bords formidable monarque,
Vous à qui la fatale barque
Améne à chaque instant mille nouveaux sujets,
Ecoutez-nous, Dieux redoutables ;
Que nos vœux, que nos cris vous trouvent favorables.

PHORBAS, ISMENE, ET LE CHOEUR.

Fleuves affreux, qui par vos noirs torrens
Défendez le retour des royaumes funébres,
Par les manes plaintifs sur vos rives errans,
Par vos éternelles ténébres,
Par les sermens des Dieux, dont vous étes garans,
Ecoutez-nous, Dieux redoutables ;
Que nos vœux, que nos cris vous trouvent favorables!

LES MAGICIENS & les MAGICIENNES
continuent leurs céremonies.

PHORBAS.

Nos vœux sont écoûtés dans les royaumes sombres,
Chantons, chantons le Dieu des ombres.

LE CHOEUR.

Que son terrible nom soit par tout célébré ;
Tremblez, Mortels, tremblez sous son pouvoir suprême:
Qu'il soit plus craint, plus réveré
Que celui de Jupiter même.

LES MAGICIENS & les MAGICIENNES témoignent par
de nouvelles danses, leur joye de ce que l'enfer les écoute.

PHORBAS, dans l'enthousiasme.

Une fureur soudaine a saisi mes esprits ;
Respectez le transport qui de mon cœur s'empare :
L'avenir se dévoile à mes regards surpris,
     Le secret du Sort se declare.

Que vois-je! Où suis-je ! O ciel ! Quels effroyables cris!
    Infortuné, tu perds l'objet que tu chéris,
    Rien ne fléchit la Parque trop barbare :
Où t'entraîne l'amour ? Arrête … Tu péris.

C E I X.

Qu'entens-je ! Quel funeste oracle !

P H O R B A S.

Hâte-toi, cours chercher du secours à Claros ;
Appollon à ton sort, peut encor mettre obstacle,
Il n'est permis qu'à lui d'assurer ton repos.

C E I X.

Dieu puissant, sauve au moins la princesse que j'aime!

P H O R B A S.

Pars, & cours l'implorer pour elle, & pour toi-même.

                    C E I X sort.

P H O R B A S, à I S M E N E.

J'ai vû son sort ; son départ va hâter
    Les malheurs qu'il croit éviter.

F I N D U S E C O N D A C T E.

ACTE TROISIÉME.

Le théâtre repréfente le port de Trachines,
& un vaiffeau prêt à partir.

SCENE PREMIERE.
PELE'E.

Afte empire, où les vens exercent leurs
ravages
Tu n'es pas le plus dangereux.

Tu vois dans l'horreur des naufrages,
Expirer mille malheureux :
Helas ! Dans les cœurs amoureux
L'Amour éléve encor de plus cruels orages,
Son calme eft plus trompeur, fon couroux plus affreux.

Vafte empire, où les vens exercent leurs ravages,
Tu n'es pas le plus dangereux.

SCENE II.
PELE'E, PHORBAS.
PHORBAS.

L'Amour vient de vous faire une faveur nouvelle,
Vous verrez Alcione à vos vœux moins rebelle;
J'écarte le rival, dont son cœur est charmé.

PELE'E.
Helas! Pour être éloigné d'elle,
Il n'en sera que plus aimé.

L'absence d'un rival flatte peu mes desirs,
Rien ne rendra mon sort moins déplorable,
Les maux de ce rival m'arrachent des soupirs;
Je ne puis à la fois être heureux & coupable.

Non, pour un cœur que le remords accable,
Les faveurs de l'Amour ne sont plus des plaisirs.

L'on entend un bruit, qui annonce une fête marine.

PHORBAS.
Contraignez-vous, on vient.. Cette troupe s'apprête
Pour conduire Ceïx au temple de Claros,
Et vient ici, par une fête,
Implorer la faveur du souverain des flots.

SCENE III.

SCENE III.

PELE'E, LE CHEF DES MATELOTS, MATELOTS, ET MATELOTTES.

CHOEUR.

Regnez, Zephirs, régnez sur la liquide plaine;
Qu'en ses prisons, Eole enchaîne
Les terribles tyrans des airs.

LE CHEF DES MATELOTS.

Toi, qui tiens dans tes mains le trident redoutable,
Ne permets qu'au vent favorable
De troubler le repos des mers.

On danse.

LE CHEF DES MATELOTS.

Amans malheureux,
Si mille écueils fâcheux
Troublent vos vœux,
Le desespoir est le plus dangereux.

Quelque vent qui gronde,
L'Amour calme l'onde :
Peut-on perdre l'espoir,
Quand on connoît son pouvoir ?

On danse.

C

U N E M A T E L O T T E.

Pourquoi craignons-nous
Que l'Amour ne nous engage?
Si c'est un orage,
Le calme est moins doux.

Suivons nos desirs:
Après quelques soûpirs,
On arrive aux plaisirs.
Pourquoi perdre un jour?
Mettons à la voile:
Nous avons pour étoile,
Le flambeau de l'Amour.

On danse.

Les Matelots montent sur le vaisseau.

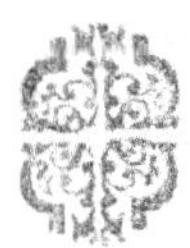

SCENE IV.

ALCIONE, CEIX, PELE'E.

ALCIONE.

Quoi ! Les soupirs & les pleurs d'Alcione
Ne pourront-ils vous arrêter ?
Vous partez !

CEIX.

L'amour me l'ordonne.

ALCIONE.

Quoi ! Vous m'aimez, & vous m'allez quitter ?

CEIX.

Je tremble pour vos jours, c'est mon unique envie
D'écarter les malheurs qu'on m'a fait redouter.

ALCIONE.

Helas ! Vous tremblez pour ma vie,
Et par votre départ, vous me l'allez ôter.
Mon cœur, à chaque instant, vous croira la victime
Des flots & des vens en couroux :
Je connois l'ardeur qui m'anime ;
Je mourrai des dangers que je craindrai pour vous.

CEIX.

Ah ! Plus dans cet amour mon cœur trouve de charmes,
Et plus je sens pour vous redoubler mes frayeurs :
Laissez-moi sur vos jours dissiper mes alarmes,
Et ne craignez pour moi que vos propres malheurs.

ALCIONE.

Consentez donc que je vous suive.
Si je cesse de voir l'objet de mon amour,
Comment voulez-vous que je vive ?

CEIX.

Vivez avec l'espoir d'un doux & prompt retour.

ALCIONE.

Vous partez donc, cruel ! Dieux ! Je frémis, je tremble.
Est-ce ainsi qu'à mes pleurs s'attendrit un époux ?
Laissez-moi, par pitié, m'exposer avec vous ;
Du moins, s'il faut souffrir, nous souffrirons ensemble.

CEIX.

Quoi ! Je pourrois offrir au Sort
Ce moyen d'attenter à votre belle vie ?
Au nom des Dieux, perdez cette barbare envie.

ALCIONE.

Au nom de mon amour, ne hâtez point ma mort.

CEIX.

Amour infortuné !

ALCIONE.

Tendresse déplorable !

ENSEMBLE.

Qu'est devenu l'espoir qui séduisoit nos cœurs ?

CEIX.

Dieux cruels !

ALCIONE.

Ciel impitoyable !

ENSEMBLE.

Ah ! Deviés-vous troubler de si tendres ardeurs ?

CEIX, à PELE'E.

Approche, cher ami ; tu vois qu'un sort barbare
De l'objet de mes vœux aujourd'hui me sépare.
Je confie en tes mains ce dépôt précieux.

ALCIONE.

Vous me desesperez !

CEIX, à PELE'E.

Console ce que j'aime.
Flatte son cœur tremblant de la faveur des Dieux,
Et parle-lui souvent de mon amour êxtrême.

Adieu, chere Alcione.

A L C I O N E.

             O funestes adieux !
Vous m'abandonnez ?

C E I X.

             Dans ces lieux,
Je vous laisse un autre moi-même.

     à P E L E'E.
Prens soin d'adoucir ses tourmens.
Je t'en conjure encor par mes embrassemens.

C E I X *monte sur le vaisseau, & part.*

SCENE V.

ALCIONE, PELE'E.

ALCIONE.

IL fuit..Il craint mes pleurs. Ah! Cher époux, arrête...
Ciel! Il ne m'entend plus, son vaisseau fend les mers.
Neptune, écarte la tempête,
Toi, mon pere, retiens tous les vens dans les fers.

Helas! De ce vaisseau que la fuite est soudaine !
Que son éloignement irrite mes douleurs !
Déja mes yeux l'apperçoivent à peine ;
Je cesse de le voir... Je meurs.

Elle tombe évanouie.

PELE'E.

Que vois-je ? De ses sens elle a perdu l'usage.
Dieux ! N'est-ce pas assés d'avoir vû son amour ?
Me condamneriez-vous à souffrir davantage ?
Dois-je lui voir perdre le jour !
Alcione ! Alcione !... En vain ma voix l'appelle.
Alcione !... Mes soins ne peuvent rien pour elle !
O trop heureux rival, reviens la secourir :
Reviens, quand j'en devrois mourir.

Alcione !

A L C I O N E , reprenant ſes ſens , croyant
entendre C E I X.

Ceix !

P E L E' E.

Ah ! Vous croyez encore
Entendre cette voix ſi chere à votre amour !

A L C I O N E.

Je ne l'entens donc plus cet amant que j'adore,
Eh ! Pourquoi donc me rappeller au jour ?

P E L E' E, E T A L C I O N E.

Que j'éprouve un ſupplice horrible !
Ciel ! Ne nous donnez-vous
Un cœur tendre & ſenſible,
Que pour le mieux percer de vos funeſtes coups ?

FIN DU TROISIE'ME ACTE.

ACTE IV.

ACTE QUATRIÉME.

Le théâtre repréfente le temple
de JUNON.

SCENE PREMIERE.

ALCIONE, DORIS.

ALCIONE.

Mour, cruel Amour, fois touché de mes peines;
Ecoute mes foupirs, & voi couler mes pleurs.

Depuis que je fuis dans tes chaînes,
Tu m'as fait éprouver les plus affreux malheurs;
Le départ d'un amant a comblé mes douleurs;
Mais, malgré tant de maux, fi tu me le raménes,
Je te pardonne tes rigueurs.

Amour, cruel Amour, fois touché de mes peines;
Ecoute mes foupirs, & voi couler mes pleurs.

DORIS.

A fervir vos vœux tout s'empreffe;
Je vois, avec fa fuite, approcher la Prêtreffe.

D

SCENE II.

ALCIONE, CE'PHISE, DORIS, LA PRÊTRESSE DE JUNON, PRÊTRESSES.

LA PRÊTRESSE.

O Toi, qui de l'Hymen défens les sacrés nœuds,
O Junon, puissante Déesse,
Reçoi notre encens & nos vœux ;
Et que jusqu'à ton trône ils s'élévent sans cesse.

LE CHOEUR.

O Toi, qui de l'Hymen défens les sacrés nœuds,
O Junon, puissante Déesse,
Reçoi notre encens & nos vœux ;
Et que jusqu'à ton trône ils s'élévent sans cesse.

Les PRÊTRESSES dansent autour de l'autel,
& jettent de l'encens dans le feu.

LA PRESTRESSE.

Reine des Dieux, éxauce nos souhaits,
Alcione aujourd'hui t'implore ;
Daigne assurer les jours d'un époux qu'elle adore.

LE CHOEUR.

Reine des Dieux, éxauce nos souhaits.

LA PRÊTRESSE.

Commence leurs plaisirs, & termine leurs peines :
Aux maux qu'ils ont soufferts égale tes bienfaits ;
Unis des plus aimables chaines,
Qu'ils jouissent par toi d'une éternelle paix.

LE CHOEUR.

Reine des Dieux, éxauce nos souhaits.

On entend une symphonie fort douce.

LE CHOEUR.

Quels sons charmans ! Un Dieu dans ces lieux va
descendre.

ALCIONE.

Le Sommeil semble ici verser tous ses pavôts :
Ma douleur ne peut m'en défendre.

LE CHOEUR.

Cédez aux charmes du repos.

ALCIONE s'assied sur les dégrez de l'autel.

Un pouvoir souverain me force de me rendre.

LE CHOEUR.

Cédez aux charmes du repos.

✳✳

SCENE III.

LE SOMMEIL, et les Acteurs de la Scene précédente.

LE SOMMEIL, sur un lit de pavôts, environné
de vapeurs.

LE SOMMEIL, aux PRESTRESSES.

Eloignez-vous, & laissez Alcione ;
Je vais éxecuter ce que Junon m'ordonne.

LE CHOEUR.

Obéissons, éloignons-nous.

✳✳

SCENE IV.

LE SOMMEIL, MORPHE'E, LES SONGES,
ALCIONE endormie.

LE SOMMEIL.

Volez, Songes, volez ; faites-lui voir l'orage
Qui dans ce même instant lui ravit son époux.
De l'onde soulevée imitez le couroux,
Et des vens déchaînés l'impitoyable rage.

Toi, qui fais des mortels emprunter tous les traits,
Morphée, à ses esprits offre une vaine image ;
Presente-lui Ceix dans l'horreur du naufrage,
Et qu'elle entende ses regrets ;
Qu'en lui montrant son sort, ce songe affreux l'engage
A ne plus perdre ici ses vœux & son hommage.

Les Songes volent aux deux côtez du théâtre, dont le fond se change en une mer orageuse, où un vaisseau fait naufrage : les Songes prennent la forme de Matelots qui périssent, ou qui pour se sauver, s'attachent à des débris ou à des rochers. Morphe'e paroît avec eux sous la figure de Ceix.

CHOEUR DE MATELOTS.

Ciel ! O ciel ! Quel affreux orage !
Rien ne peut plus nous secourir.
Ah ! Quel desespoir ! Quelle rage !
Malheureux ! Nous allons perir.

MORPHE'E.

Ah ! Je vous perds, chere Alcione.
Helas ! Qu'allez-vous devenir ?

LE CHOEUR.

La mer est en fureur, l'air mugit, le ciel tonne !
Grands Dieux ! Quelles frayeurs ! O Mort, viens
les finir.

MORPHE'E.

Ah ! Je vous perds, chere Alcione !

LE CHOEUR.

Malheureux ! Nous périssons tous !

MORPHE'E.

Chere épouse, mon cœur ne regrette que vous.

La mer disparoît, et l'on revoit le temple de Junon.

S C E N E V.

A L C I O N E, s'éveillant en sursaut.

Où suis-je ? Qu'ai-je vû ! Je perds ce que j'adore,
   Tous les vens à mes yeux ont soulevé les mers ;
Ceix est englouti sous les flots entr'ouverts,
   Je l'ai vû, je le vois encore !

Déesse, c'est donc toi qui m'offre cette image,
   Tu viens m'avertir de mon sort ;
   Eh bien, pour prix de mon hommage,
   Achéve, donne-moi la mort.

FIN DU QUATRIE'ME ACTE.

ACTE CINQUIÉME.

Le théâtre, repréſente les jardins de CEIX,
terminés par la mer, & couverts des
ombres de la nuit.

SCENE PREMIERE.
PELE'E.

O Nuit, redouble tes ténébres;
Délivre mes regards des horreurs que je voi.
L'ombre de mon ami s'éléve contre moi:
Je vois couler ſes pleurs; j'entens ſes cris funébres.
Helas! Mon crime eſt mon plus grand effroi.
 O Nuit, redouble tes ténebres;
Délivre mes regards des horreurs que je voi.

Qu'ai-je fait, malheureux! Quelle eſt ma barbarie!
De tout ce que j'aimois j'ai cauſé le malheur:
 C'eſt du flambeau d'une Furie,
Que l'Amour s'eſt ſervi pour embraſer mon cœur.

S C E N E II.

ALCIONE, PELE'E, CEPHISE, DORIS.

A L C I O N E.

Barbares, laissez-moi ; votre pitié m'offense,
Vous m'arrachez des mains le poison & le fer ;
Laissez-moi ; qu'à l'aspect de la cruelle mer,
J'aille chercher la mort, mon unique esperance.

P E L E' E.

Non, non, n'en croyez point cet aveugle transport :
Moderez, Alcione, une douleur trop vive.
Souffrez encor le jour.

A L C I O N E.

Helas ! Ceix est mort !
Vous voulez qu'Alcione vive ?

P E L E' E.

Le plus sacré devoir vous y doit engager :
Vivez, vivez, pour le venger.

A L C I O N E.

Et de qui le venger ! C'est le ciel qui l'opprime.

P E L E' E.

Non, je sais qu'un perfide a causé son malheur.
Son ombre errante ici demande une victime.
Je vous livre l'auteur du crime,
Si vous me répondez de lui percer le cœur.

A L C I O N E.

Fiez vous-en à ma douleur.

Ombre

Ombre de mon époux, c'est par toi que je jure:
Quel serment plus sacré pour moi!

De tes manes plaintifs, appaise le murmure:
Je brûle de verser le sang que je te doi.
Ombre de mon époux, c'est par toi que je jure:
Quel serment plus sacré pour moi!
Redoutez-vous encor une pitié timide?

PELE'E.
Eh bien, prenez ce fer, & frappez le perfide.

ALCIONE.
Vous!

PELE'E.
Malgré-moi j'adorois vos appas.
Un malheureux amour avoit séduit mon ame;
Et malgré-moi, Phorbas a servi cette flamme.
C'est lui qui de Ceix a causé le trépas.

Frappez, frappez, percez ce cœur qui vous adore;
C'est l'unique faveur que mon amour implore.

ALCIONE arrachant l'épée de PELE'E.
Eh bien, si vous m'aimez, ma mort va vous punir.

CEPHISE, la désarmant.
Arrêtez, arrêtez.

ALCIONE.
Pourquoi me retenir?

ALCIONE, ET PELE'E.
Contentez ma plus chere envie;
Dieux, lancez votre foudre, & terminez mon sort.
Helas! Je déteste la vie,
Et ne puis obtenir la mort.

✻

SCENE III.

PHOSPHORE, dans son étoile.

ALCIONE, PELE'E, CEPHISE, DORIS.

PELE'E.

QUel Dieu descend ici ? Quel astre nous éclaire ?

ALCIONE.

Du malheureux Ceix, je reconnois le pere.

PHOSPHORE, à ALCIONE.

Ce que le sort m'apprend doit calmer tes alarmes ;
Alcione, le ciel va te rendre mon fils ;
Aujourd'hui, pour prix de tes larmes,
Vous devez sur ces bords être à jamais unis.

PHOSPHORE remonte au ciel, & les ombres
de la nuit commencent à se dissiper.

SCENE IV.

ALCIONE, PELE'E, CEPHISE, DORIS.

ALCIONE.

Qu'ai-je entendu? Grands Dieux! Croirai-je cet
oracle?

PELE'E.

L'Hymen, pour vous unir, n'attend plus que le jour.
Vous allez être heureux, & ce cruel spectacle
Va vous venger de mon amour.

à part.

Mais non, ne voyons plus des lieux où l'on m'abhore;

à ALCIONE.

Fuyons.... Pardonnez-moi le feu qui me dévore,
Je vais loin de vos yeux expier mes desirs;
Je vais percer ce cœur qui vous adore,
Et je meurs trop heureux encore,
Si le ciel à mes maux égale vos plaisirs.

Il sort.

ALCIONE.

C'est l'ami de Ceix. Ciel, pour lui je t'implore.

E ij

SCENE V.

ALCIONE, CEPHISE, DORIS.

ALCIONE.

REgnez, Aurore, à votre tour;
Des cieux qu'elle a voilés, chassez la nuit affreuse;
   Hâtez-vous d'amener le jour
     Qui doit me rendre heureuse.

Je vois dans ces jardins, mille riantes fleurs
     Eclore de vos larmes;
   Et c'est ainsi que de mes pleurs
L'Amour va faire naître un bonheur plein de charmes.

   Regnez, Aurore, à votre tour;
Des cieux qu'elle a voilés, chassez la nuit affreuse;
   Hâtez-vous d'amener le jour
     Qui doit me rendre heureuse.

L'Aurore éclaire enfin tout le théâtre, & laisse voir CEIX,
   que les flots ont poussé sur un gazon.

Mais quel funeste objet a frappé mes regards!
Quel est ce malheureux, victime du naufrage!
   Vous couriez les mêmes hazards,
Cher époux, mais les Dieux ont détourné l'orage.

   Elle approche, & reconnoît CEIX.

Ciel! Que vois-je? C'est lui.

   Elle tombe entre les bras de ses confidentes.

CEPHISE, ET DORIS.

Que devient-elle? Helas!
Ses maux vont lui coûter la vie.

ALCIONE.

Non, ma douleur encor ne me l'a pas ravie :
Par pitié, hâtez mon trépas.

Eſt-ce-là ce bonheur que je devois attendre,
Et dont les Dieux m'étoient garans?
Vous me rendez Ceix. Ah! Barbares tyrans,
Dieux cruels, eſt-ce ainſi qu'il falloit me le rendre?

Vous plaiſez-vous aux maux des fidéles Amans?

O mer! Cruelle mer, termine mes tourmens.

Elle veut ſe précipiter dans la mer.

SCENE VI.

NEPTUNE sort de la mer, avec toute sa cour.

NEPTUNE.

JE viens vous affranchir de la Parque cruelle,
Vivez heureux amans d'une vie immortelle,
Rien ne peut plus vous séparer ;
Les Dieux, touchés d'une flamme si belle,
N'ont permis vos malheurs, que pour les réparer.

SCENE VII.

CEIX, ALCIONE, NEPTUNE,
Et sa suite.

ALCIONE.

QUoi ! Je revois Ceix ?

CEIX.

Je revois Alcione !

NEPTUNE.

Aimez-vous ; aimez-vous toujours.

ALCIONE, ET CEIX.

L'immortalité qu'on nous donne
Doit éterniser nos amours.

TRAGEDIE.

NEPTUNE.

Aimez-vous, aimez-vous toujours.

ALCIONE, ET CEIX.

Aimons-nous, aimons-nous toujours.

NEPTUNE.

Chantez, chantez, Divinités de l'onde,
Formez mille concerts charmans ;
Que vos voix annoncent au monde
Le triomphe de ces amans.

Les Dieux de la mer célébrent l'apotheofe
de CEIX & d'ALCIONE.

CHOEUR.

Chantons, qu'à nos chans tout réponde,
Formons mille concerts charmans ;
Que nos voix annoncent au monde
Le triomphe de ces amans.

FIN.

APROBATION.

J'Ai lû par Ordre de Monſeigneur le Chancelier, une nouvelle Réimpreſſion de la *Tragedie* D'ALCIONE. A Paris, ce quatre Août 1741.

DE MONTCRIF.

PRIVILEGE DU ROY.

LOUIS par la grace de Dieu, Roy de France & de Navarre : A nos amez & feaux Conseillers, les Gens tenants nos Cours de Parlement, Maîtres des Requêtes ordinaires de nôtre Hôtel, Grand Conseil, Prevôt de Paris, Baillifs, Sénéchaux, leurs Lieutenans-Civils, & autres nos Justiciers qu'il appartiendra, Salut. Nôtre cher & bien amé le Sieur LOUIS-ARMAND-EUGENE DE THURET, cy-devant Capitaine au Regiment de Picardie ; Nous a fait représenter que, par Arrest de nôtre Conseil du 30. May 1733, Nous avons revoqué le Privilege qui avoit été accordé au Sieur le Comte & ses Associez, pour raison de l'Academie Royale de Musique, ses circonstances & dépendances, & rétabli ledit Privilege en faveur dudit Sieur Exposant, pour en joüir par luy, ses Associez, Cessionnaires & Ayans-cause aux charges & conditions portées par ledit Arrest, pendant le temps & espace de vingt-neuf années, à compter du premier Avril de ladite année 1733. Et que pour l'exploitation dudit Privilege, ledit Sieur Exposant se trouve obligé de faire imprimer & graver les Paroles & la Musique des Opera qui doivent être représentez ; mais que pour cet effet il a besoin de nôtre permission & des Lettres qu'il Nous a tres-humblement fait supplier de luy accorder. A CES CAUSES, voulant favorablement traiter ledit Exposant : Nous luy avons permis & permettons par ces Presentes de faire imprimer & graver *les Paroles & Musique des Opera, Ballets & Fêtes qui ont été ou qui seront représentez par l'Academie Royale de Musique, tant séparément que conjointement* en tels Volumes, forme, marge, caractere, & autant de fois que bon luy semblera, & de les faire vendre & débiter par tout nôtre Royaume, pendant le temps de vingt-neuf années consecutives, à compter du jour de la datte desdites Presentes. Faisons défenses à toutes personnes, de quelque qualité & condition qu'elles soient d'en introduire d'Impression ou Gravûre Etrangere dans aucun lieu de nôtre obeïssance : Comme aussi à tous Imprimeurs, Libraires, Graveurs, Imprimeurs, Marchands en Taille-Douce, & autres de graver, ny faire graver, imprimer, ou faire imprimer, vendre, faire vendre, débiter ny contrefaire lesdites Impressions, Planches & Figures de Paroles de Musique des Opera, Ballets & Fétes, qui ont été ou qui seront representez par ladite Academie Royale de Musique, tant separément que conjointement en tout ny en partie, sans la permission expresse & par écrit dudit Sieur Exposant, ou de ceux qui auront droit de luy ; à peine de confiscation, tant des Planches & Figures, que des Exemplaires contrefaits & des Ustanciles qui auront servy à ladite contrefaçon, que Nous entendons être saisis en quelque lieu qu'ils soient trouvez ; de dix mille livres d'amende contre chacun des Contrevenans, dont un tiers à Nous, un tiers à l'Hôtel-Dieu de Paris, l'autre tiers audit Sieur Exposant, & de tous dépens, dommages & interests, à la charge que ces Presentes seront enregistrées tout au long sur le Registre de la Communauté des Libraires & Imprimeurs de Paris, dans trois Mois de la datte d'icelles ; Que la Gravûre & Impression desdites Paroles & Opera sera faite dans nôtre Royaume & non ailleurs, en bon papier & beaux caracteres, conformément aux Reglemens de la Librairie, & notamment à celui du dix Avril 1725. & qu'avant que de les exposer en vente, les Manuscrits gravez ou imprimez seront remis dans le même état où les Aprobations auront été données és mains de nôtre tres-cher & feal Chevalier Garde des Sceaux de France, le Sieur Chauvelin ; & qu'il en sera ensuite remis deux Exemplaires de chacun dans nôtre Bibliotheque publique, un dans celle de nôtre Château du Louvre, & un dans celle de nôtre tres-cher & feal Chevalier Garde des Sceaux de France, le Sieur Chauvelin ; Le tout à peine de nullité des Presentes ; Du contenu desquelles Vous mandons & enjoignons de faire joüir ledit Sieur Exposant, ou ses Ayants-cause, pleinement & paisiblement sans souffrir qu'il leur soit fait aucun trouble ou empeschement. Voulons que la Copie desdites presentes, qui sera imprimée tout au long au commencement ou à la fin desdites Paroles ou Opera, soit tenuë pour düement signifiée ; & qu'aux Copies collationnées par l'un de nos amez & feaux Conseillers & Secretaires, foy soit ajoûtée comme à l'Original. Commandons au premier nôtre Huissier ou Sergent, de faire pour l'execution d'icelles tous Actes requis & necessaires, sans demander autre permission, & nonobstant Clameur de Haro, Chartre Normande & Lettres à ce contraires. CAR tel est nôtre plaisir. DONNÉ à Fontainebleau le douziéme jour de Novembre, l'An de Grace mil sept cent trente-quatre, & de nôtre Regne le vingtiéme ; *Et plus bas*, Par le Roy en son Conseil. *Signé* SAINSON, avec paraphe.

J'ay cedé à M. BALLARD le present Privilege, suivant le Traité fait avec luy le premier Septembre 1730. A Paris ce 23. Novembre 1734. DE THURET.

Registré ensemble la Cession, sur le Registre VIII. de la Chambre Royale des Libraires & Imprimeurs de Paris N. 797. fol. 779. conformément aux anciens Reglemens confirmez par celuy du 28. Fevrier 1723. A Paris, le 23. Novembre 1734. G. MARTIN Syndic.